AF382664

DIE BEDÜRFNIS-PYRAMIDE

Menschliche Bedürfnisse verstehen und einordnen

Verfasst von Pierre Pichère
In Zusammenarbeit mit Anne-Christine Cadiat
Übersetzt von Mareike Lobeck

Business 50MINUTEN.de

DIE BEDÜRFNISPYRAMIDE

SCHLÜSSELINFORMATIONEN

- **Bezeichnungen:** Bedürfnispyramide, Bedürfnis-hierarchie, Maslowsche Bedürfnispyramide
- **Anwendungen:** in der Psychologie und den Sozialwissenschaften zur Klassifizierung und Gewichtung der Bedürfnisse eines Individuums, ebenso im Marketing und Management
- **Funktionsweise:** dynamische Betrachtung der Bedürfnisse, sowohl körperlich als auch geistig
- **Schlüsselwörter:** Psychologie, Bedürfnis, Maslow, Pyramide

EINLEITUNG

Die Wirtschaftswissenschaften beschäftigen sich im Kern mit der Verteilung begrenzter Ressourcen entsprechend der unbegrenzten Bedürfnisse der Menschen, deren Beweggründen und Erwartungen. Wie lassen sich diese Bedürfnisse definieren? Mit dieser Frage beschäftigt sich die Pyramide des amerikanischen Psychologen Abraham Harold Maslow (1908-1970).

Hintergrund

Zusammen mit dem Psychologen und Pädagogen Carl Rogers (1902-1987) begründet er in den Vierzigerjahren den neuen Ansatz der humanistischen Psychologie. Im Rahmen seiner Arbeit untersucht Maslow, wie menschliche Bedürfnisse aufgebaut sind. Seine Leser und Anhänger haben seine Thesen in der Folge in Form einer Pyramide dargestellt.

Sie ist in fünf Bedürfnisebenen unterteilt:

- physiologische Grundbedürfnisse
- Sicherheitsbedürfnisse
- soziale Bedürfnisse
- Wertschätzungsbedürfnisse
- Selbstverwirklichung

Zu jeder Kategorie gehören verschiedene menschliche Tätigkeiten. Das Modell wurde viel in den Wirtschaftswissenschaften verwendet, ebenso in der Unternehmenswelt, vor allem in Marketing und Management. Am Ende dieses

Buches wird anhand der Lebensmittelindustrie verdeutlicht, wie das gesamte Modell auf einen Wirtschaftssektor angewendet werden kann.

Definition

Mittels der Bedürfnispyramide können menschliche Bedürfnisse von den banalsten (essen, schlafen, usw.) bis zu den kultiviertesten (Bildung, Kunst, Sport usw.) definiert werden. Maslow war zwar Psychologe, sein in der Pyramide zusammengefasstes Modell wurde aber auch in der Wirtschaft und Unternehmenswelt angewandt. Es stellt eine einfache und wirksame Methode zur Unterscheidung der verschiedenen Bedürfnisse dar, vorausgesetzt dass es ganzheitlich und nicht in aufeinander aufbauenden Ebenen betrachtet wird.

DIE BEDÜRFNISPYRAMIDE IN DER THEORIE

Die Betriebswirtschaftslehre befasst sich mit den Bedingungen, die zum Austausch von Waren führen. Die Maslowsche Bedürfnispyramide ist noch vor dieser Betrachtung angesiedelt, nämlich bei der Entstehung der Nachfrage – den Bedürfnissen.

DIE FÜNF BEDÜRFNISSTUFEN

Stufe für Stufe fasst Maslow verschiedene menschliche Bedürfnisse zusammen. Er erwähnt die Pyramidenform zwar nicht direkt, dafür aber eine Reihenfolge, in der sie auftreten. Sobald eine Gruppe befriedigt ist, entstehen sofort neue Bedürfnisse. Da die Maslowsche Bedürfnispyramide verschiedene Bereiche und vor allem den der Selbstverwirklichung geprägt hat, können seine Begriffe auch hier zur einfachen Erklärung des Konzeptes verwendet werden.

Die Bedürfnispyramide

- Die **physiologischen Grundbedürfnisse** bilden eine erste Ebene. Essen, trinken, schlafen, atmen usw. sind alles Bedürfnisse, die das Überleben sicherstellen. Da diese Bedürfnisse lebenswichtig sind, sind sie natürlich die wichtigsten von allen, also bei weitem dringlicher als das Bedürfnis nach Sicherheit, Wertschätzung usw.

- Als nächstes kommen die **Sicherheitsbedürfnisse**. Auch wenn einem die körperliche Unversehrtheit dabei als erstes einfällt, umfasst diese Kategorie nicht nur diesen einen Aspekt, sondern ebenso den Schutz gegen Diebstahl und Beschädigungen. Maslow betont, dass Menschen aufgrund ihres Sicherheitsbedürfnisses Bekanntes gegenüber Fremdem vorziehen.

- Sind diese beiden Bedürfnisgruppen befriedigt, machen sich **Zugehörigkeitsbedürfnisse**, also Bedürfnisse nach Liebe, Zuneigung oder sozialen Beziehungen, bemerkbar. Diese dritte Bedürfnisgruppe berücksichtigt die soziale Natur des Menschen.
- Sie führt zur vierten Ebene der Pyramide, zu den **Wertschätzungs- oder Anerkennungsbedürfnissen**. Diese Ebene umfasst die Bedürfnisse nach Status, Arbeit, Macht und Geld, die uns in der Gesellschaft definieren.
- An der Spitze der Pyramide stehen schließlich die **Bedürfnisse nach Selbstverwirklichung**. Während die Bedürfnisse der vorherigen Stufe vom Ansehen der anderen abhängen, beziehen sich die Bedürfnisse dieser Stufe auf die Entwicklung der Persönlichkeit des Menschen. Laut Maslow können sie jede Form annehmen, solange sie mit den individuellen Wünschen der Person übereinstimmen. Beispiel: Weil

jemand etwas (beispielsweise Arzt) werden will, entsteht automatisch sein Bedürfnis, sich entsprechend zu entwickeln (beispielsweise ist es notwendig, die Funktionen des menschlichen Körpers zu kennen).

Laut Maslows Theorie erreicht man die nächsthöhere Bedürfnisebene, sobald die Bedürfnisse einer Ebene befriedigt wurden. Denn sorgt man sich wirklich um die Sicherheit seines Eigentums, wenn man nichts zu essen hat? Macht man sich um die Liebe seiner Mitmenschen Gedanken, wenn man sich inmitten einer plündernden Horde befindet? Strebt man nach Wertschätzung, wenn man in keine soziale Gruppe integriert ist? Und schließlich, wie kann man sich weiterbilden, wenn man sich selbst nicht wertschätzt? Das Modell ist also dynamisch und keine streng hierarchische Darstellung.

Maslow betrachtet die Entwicklung des einzelnen Menschen und geht dabei von dem Prinzip aus, dass dieser immer nach einer relativen Lebensqualität strebt. Die Bedürfnisse nehmen jedoch nicht für jeden die gleiche Form an, außerdem ändern sie sich auch mit der Zeit. Hinzu kommt, dass auch neue Bedürfnistypen entstehen können, die je nach Mensch und Umständen ein mehr oder weniger großes Ausmaß annehmen und neben den anderen Bedürfnissen aus der Pyramide bestehen.

BEDÜRFNISSE: VON DER WIRTSCHAFT BIS ZUM MARKETING

Im Vergleich zu den zahlreichen Bedürfnissen im Hinblick auf menschliche Beziehungen und den Menschen selbst scheinen materielle Bedürfnisse sehr begrenzt zu sein. Trotzdem interessiert sich die Wirtschaft mehr für den Nutzen – das heißt für die Funktion, die eine zusätzliche Einheit eines Gutes für den Konsumenten hat – als für das Bedürfnis, ohne jedoch die Güter untereinander zu gewichten.

Marketing und Management hingegen interessieren sich umso mehr für die Bedürfnisanalyse. Gerade wenn es um Unternehmen und ihre Marktpositionierung geht, werden Bedürfnisse sehr genau untersucht. Auch wenn sich Psychologen darüber einig sind, dass die Grundbedürfnisse recht begrenzt sind, wird der Kauf durch einen Kunden doch immer von einem

Bedürfnis motiviert – egal, ob dieses als Mangel oder als Verlangen empfunden wird.

Die Marketers sind sich dessen bewusst und beziehen sich gerne auf die berühmte Maslowsche Pyramide. Wo ein Produkt oder eine Dienstleistung in der Pyramide angesiedelt wird, kann die Überlegungen zu Einführungsstrategien und ihrer Entwicklung maßgeblich beeinflussen. Ein Grundnahrungsmittel wird ganz anders vermarktet als ein Hightech-Produkt. Es ist auch nicht ausgeschlossen, dass dasselbe Produkt oder dieselbe Dienstleistung Bedürfnisse unterschiedlicher Ebenen befriedigt. Die Botschaft sollte also an die Kunden, die erreicht werden sollen, angepasst werden.

DIE BEDÜRFNISPYRAMIDE: SCHWÄCHEN UND ERWEITERUNGEN

SCHWÄCHEN UND KRITIK

Wie bei allen späteren Klassikern in den Sozialwissenschaften wurde auch an der Bedürfnispyramide Kritik geübt. Dabei werden verschiedene Schwachstellen betrachtet, teilweise in sich widersprechender Weise:

- **Die Gewichtung der Bedürfnisse ist nicht differenziert genug**. Manche natürlichen Funktionen sind dringlicher als andere. Zwar kann man für ein paar Tage auf Essen verzichten, man kann aber nicht für länger als ein paar Minuten die Luft anhalten.
- **Die Gewichtung ist fragwürdig**, da sie nicht berücksichtig, dass der Mensch ein soziales Wesen ist. Kommt das Bedürfnis nach Essen wirklich vor dem Bedürfnis nach menschli-

chen Beziehungen oder nach Weiterbildung? Ohne Essen kann ein Mensch nicht überleben. Aber ohne ausreichenden Kontakt zu seinen Mitmenschen nimmt die Seele eines Menschen Schaden: Er verliert den Verstand oder begeht gar Selbstmord.

- **Das Modell ist ethnozentrisch**, da sich alle Studien ausschließlich auf westliche Bevölkerungsgruppen beziehen, das heißt, sie gehen quasi nur von einer christlichen und relativ wohlhabenden Kultur aus.

Mit Ausnahme des letzten Punktes bezieht sich die Kritik auf ungenügende oder zu starke Gewichtung und betrifft damit eher die Interpretation der Maslowschen Theorie als ihre Thesen selbst. Die Pyramidenform ist in der psychologischen Abhandlung nicht enthalten. Die Form verschleiert die Dynamik, die Maslow selbst zwischen den verschiedenen Bedürfnissen sah.

Anwendung im öffentlichen Dienst

Obwohl die Maslowsche Pyramide für sich spricht, bleibt ihr Anwendungsbereich in der Wirtschaft recht begrenzt. So ist es unmöglich, aus der Bedürfnisebene eines Produkts einen

Nutzen für die Preisgestaltung zu ziehen. Die Nachfrage hängt also nicht von der Ebene eines Gutes in der Maslowschen Pyramide ab, sondern vielmehr von seinem Grenznutzen (wie die Ökonomen Léon Walras (1834-1910), William Stanley Jevons (1835-1882) und Carl Menger (1840-1921) im 19. Jahrhundert gezeigt haben), das heißt von der Zufriedenheit, die eine zusätzliche Einheit bringt.

Zur Erinnerung: Die Maslowsche Pyramide teilt nicht die Bedürfnisse und Wünsche eines Wirtschaftsteilnehmers ein, sondern beschreibt in einem fünfstufigen Modell die menschliche Entfaltung. Aus diesem Blickwinkel betrachtet kann sich der öffentliche Dienst bei Eingriffen in die Wirtschaft auf die Pyramide stützen: Die Regulierung der Lebensmittelproduktion und die Sicherung der Luftqualität (physiologische Grundbedürfnisse), die Überwachung der Einhaltung von Recht und Ordnung (Sicherheitsbedürfnis) und das Sicherstellen der Sozialisierung vor allem von Kindern durch das Schulsystem (Bedürfnis nach Liebe und Zugehörigkeit) können so gerechtfertigt werden. Es ist zweifellos schwieriger, die beiden Ebenen an der Spitze der Pyramide anzugehen. Der öffentlich-rechtliche Rundfunk, Hochschulbildung und Investitionen in die Kultur können jedoch als kollektive Antwort auf das Bedürfnis nach Selbstverwirklichung gesehen werden.

ERGÄNZUNGEN UND VERWANDTE MODELLE

Modell der Grundbedürfnisse nach Virginia Henderson

Damit verwandt ist das Modell der 14 Grundbedürfnisse von Virginia Henderson (amerikanische Krankenschwester, 1897-1996), das viel in der Pflege verwendet wird. Der zusätzliche Beitrag dieses neuen Ansatzes ist jedoch nicht klar zu erkennen. Jede der Kategorien kann einer der Ebenen von Maslow zugeordnet werden. Da die Schwächen von Maslows Modell unmittelbar ins Auge fallen, fällt es schwer, diese neue Einteilung zu rechtfertigen.

ERG-Theorie

1969 veröffentlicht der amerikanische Psychologe Clayton Alderfer (geboren 1940) die ERG-Theorie, die eigentlich eine komprimierte Version der Maslowschen Pyramide ist. Von den fünf Stufen bleiben nur noch drei über: die Grundbedürfnisse (sich ernähren, sich kleiden, sicher leben, usw.), die Bedürfnisse nach Beziehungen und die Bedürfnisse nach Entfaltung (Kreativität, Lebenssinn, Selbstwertgefühl usw.). Die Theorie ist nach diesen drei Gruppen benannt: *existence* (Existenz), *relatedness* (Beziehungen zu anderen Menschen), *growth* (Wachstum). Alderfer teilt die Kategorien von Maslow nicht nur neu ein. Er behauptet auch, dass der Mensch diese Bedürfnisse gleichzeitig befriedigen muss und nicht nacheinander in aufsteigender Reihenfolge. Nicht befriedigte Bedürfnisse nach Selbsterfüllung beeinflussen das Verhalten anderen gegenüber, und zweifellos ebenso den Schlaf und die Ernährung. Für ihn ist die Dynamik der Bedürfnisse also weitreichender als für Maslow. Sein Modell wurde vor allem im Management und in der Arbeitspsychologie angenommen.

DIE BEDÜRFNISPYRAMIDE IN DER PRAXIS

Wie bereits erwähnt findet die Maslowsche Pyramide ihre aus wirtschaftlicher Sicht konkreteste Anwendung im Marketing. Es ist nicht überraschend, dass das Marketing so viele Modelle aus der Psychologie übernimmt, da es in diesem Bereich in erster Linie darum geht, das Verhalten der Konsumenten zu verstehen und vorauszusehen.

PRODUKTE UND BEDÜRFNISSE

Anstatt jedes Produkt und jede Dienstleistung in eine Stufe der Pyramide einzuordnen, sollte eine Marketing-Aktion lieber so viele Ebenen wie möglich ansprechen.

Ein Produkt, ein Bedürfnis

Die einfachste Anwendung bei der Vermarktung eines Produkts oder einer Dienstleistung besteht in der Einordnung in eine Ebene der Pyramide: Nahrungsmittel und Grundhygiene gehören in die erste Ebene, Kulturangebote in die letzte. Diese Einteilung erscheint sehr rudimentär, folgt aber dem gesunden Menschenverstand. Die Aufteilung von Supermärkten in Abteilungen, die jeder Ebene ihren eigenen Bereich gibt, bezeugt dies.

Basisprodukte folgen meist dieser Methode, vor allem Grundnahrungsmittel. Eine preiswerte Packung Nudeln oder ein einfaches Netz Kartoffeln befriedigen nur Bedürfnisse aus der ersten Ebene der Pyramide: Ihr Zweck ist die Ernährung. Diese Strategie reicht jedoch selten aus. Die Maslowsche Pyramide ist dynamisch und eine gelungene Produkt- oder Dienstleistungseinführung sollte ein Maximum an Bedürfnisebenen ansprechen.

Marketing unter Anwendung der Pyramide

Ein Angebot für Kunden kann nur dazugewinnen, wenn bei der Erstellung alle Stufen der Pyramide miteinbezogen werden.

Um die Theorie vollständig zu erfassen, müssen die Bedürfnisse unter aktuellen Bedingungen betrachtet werden. Einige Voraussetzungen – die es zu Maslows Zeiten (20. Jahrhundert) noch nicht oder nicht im selben Ausmaß gab – haben sich in der Gesellschaft geändert. Wenn man sich beispielsweise in den Fünfzigerjahren fortbewegte, geschah dies nicht so schnell wie heute und es wurden auch nicht so weite Strecken zurückgelegt. Familien wohnten näher beieinander, der Wohnsitz befand sich häufiger am Arbeitsort. Mit Ausnahme von großen Urlaubsreisen kann das Bedürfnis nach Fortbewegung also als Grundbedürfnis angesehen werden, durch das man seinen Lebensunterhalt verdient oder seine Beziehungen aufrechterhält, indem man Freunde und Verwandte besucht.

Das Auto ist ein gutes Beispiel für eine Strategie, die sich in der Pyramide entwickelt. Preiswertere Modelle beschränken sich auf die Grundfunktionen, während hochpreisige Prestige und Komfort miteinbeziehen. In beiden Fällen werden mehrere Ebenen der Pyramide angesprochen: das Grundbedürfnis nach Fortbewegung, das Streben nach Sicherheit vor allem im Kontrast zu Wagen, die als nicht sehr zuverlässig bekannt sind, die Zugehörigkeit zur Gruppe der Fahrer einer bestimmten Marke mit einem gewissen Image und bei den innovativsten Modellen die Genugtuung, ein teures Luxusgut zu besitzen.

Das Marketing soll also eine Strategie entwickeln, mittels derer die Bedürfnisse der höheren Pyramidenebenen mit Produkten befriedigt werden, die zunächst vor allem die unteren Bedürfnisebenen ansprechen. Dies gilt auch im umgekehrten Fall, auch wenn dieser etwas komplexer ist. Ist ein Produkt oder eine Dienstleistung auf das Selbstwertgefühl oder die Persönlichkeitsentfaltung ausgerichtet, kann eine Marke versuchen hervorzuheben, wie wichtig der Kauf des Produkts bzw. der Dienstleistung auch für die Grundbedürfnisse oder die Sicherheit ist, um somit mehr Kunden für ihr Produkt gewinnen. Ein Beispiel dafür ist Kosmetik, wo das kommunizierte Markenimage zwischen strahlender Schönheit (also zwischen der vierten und fünften Stufe der Pyramide) und dem eigenen Wohlgefühl, der Haut- und Körperpflege, der eigenen Zukunft hin- und herwechselt, und damit mehr auf die Grund- und Sicherheitsbedürfnisse zurückgreift.

Marketing und das Bedürfnis nach Liebe und Zugehörigkeit

Was kann zur dritten Ebene der Pyramide gesagt werden? Es scheint schwer vorstellbar, dass Produkte das Bedürfnis nach Liebe erfüllen können. Maslow ordnet dieser Kategorie nicht nur Freundschafts- und Liebesbeziehungen zu, die nur schwer vom Markt befriedigt werden können (selbst wenn der Erfolg von Online-Partnervermittlungen zeigt, dass auch hier Dienstleister ihren Platz finden), sondern ebenso die Zugehörigkeit zu einer sozialen Gruppe.

Marketing spielt schon seit langem mit dem Statuswert eines Produktes, um Konsumenten zum Kauf zu bewegen. Ende des 19. Jahrhunderts beschrieb der Soziologe und Ökonom Thorstein Veblen (1857-1929) einen Ausweg aus dem Modell des *Homo oeconomicus*.

Natürlich suchen wir beim Kaufen nach dem größten Nutzen, aber Nachahmung oder Snobismus beeinflussen ebenso unsere Entscheidungen. Diese Überlegung wird durch das Konzept der Distinktion des französischen Soziologen Pierre Bourdieu (1930-2002) erweitert: Unsere sozialen Handlungen, also auch unser Einkaufsverhalten, sind häufig vom Wunsch nach Abgrenzung von unseresgleichen durch das Imitieren des Verhaltens höherer sozialer Schichten motiviert. Durch den Kauf eines Produkts (Auto, Parfüm usw.), kann der Konsument gleichzeitig sein Bedürfnis nach sozialer Anerkennung befriedigen.

Auch wenn diese Tendenz nicht neu ist, nimmt sie doch in Zeiten von multiplen Identitäten und Gemeinschaftsbindungen stark an Fahrt auf. Dabei wird sie durch die Informations- und Kommunikationstechnologie und besonders durch soziale Netzwerke vorangetrieben, wenn sie nicht sogar von ihnen ausgelöst wurde. Manche Marken haben das Spiel mit dem Zugehörigkeitsgefühl, das einzig durch den Besitz ihres Produkts entsteht, perfektioniert. Apple hat beispielsweise bereits seit den Achtzigerjahren eine Gemeinschaft seiner Nutzer aufgebaut: Der anfangs kleine Kreis aus Grafikern und anderen in der Bildbearbeitung Beschäftigten ist dank des Massenmarkts und der Vermarktung von Erfolgsprodukten (iPhone, iPad usw.) mit rasender Geschwindigkeit zu einer Gemeinschaft angewachsen, zu der sich die meisten der Nutzer zugehörig fühlen. Auch *Facebook*, *Twitter* und alle anderen sozialen Netzwerke nutzen diese Strategie und setzen auf Zugehörigkeitsgefühl. In diesem Fall bildet Zugehörigkeit sogar den Kern des Geschäftsmodells, mit dem Vorteil, dass die Nutzung dank der Finanzierung durch Werbung kostenfrei angeboten werden kann.

FALLSTUDIE – DIE LEBENSMITTELINDUSTRIE

Der letzte Teil befasst sich mit der Analyse eines Wirtschaftssektors: der Lebensmittelindustrie. Diesem Sektor ist es gelungen, die verschiedenen Strategien zum Erreichen aller Ebenen der Pyramide zu kombinieren, zudem werden immer innovativere Produkte entwickelt.

**Die Lebensmittelindustrie,
ein Wirtschaftszweig auf allen fünf Ebenen**

Ein Lebensmittel, das ernährt

Selbstverständlich erfüllt die Nahrungsmittelindustrie ein Grundbedürfnis, nämlich das nach
Ernährung. Dieser Aspekt muss nicht weiter aus-
geführt werden, es genügt zu betonen, dass der
Nutzen eines Industriesektors nicht voll ausge-
schöpft würde, würde er nur dieses eine Bedürfnis
befriedigen. Um die Wertschöpfungskette
weiterzuentwickeln, wurden also noch mehr
Ziele gesetzt, weit über das Stillen des Hungers
hinaus.

Ein Lebensmittel, das schützt

Die Nahrungsmittelindustrie basiert auf dem
Argument der Sicherheit. Aufgrund des gesetzli-
chen Rahmens, der die Herstellung der Produkte
reglementiert, muss sie Nahrungsmittel anbie-
ten, die wesentlich höheren Maßstäben genügen
als die der ursprünglichen handwerklichen
Verarbeitung. (Dieses Argument galt zu der Zeit,
als sich die Nahrungsmittelindustrie gerade ent-
wickelte. Auch die handwerkliche Verarbeitung
ist heute strengen Hygienevorschriften un-
terworfen.) Früher bargen selbstgemachten
Konserven tatsächlich die Gefahr von Botulismus

(eine Lebensmittelvergiftung mit schwerwiegenden Folgen). Diese Gefahr bestand bei der industriellen Herstellung nicht.

Zu dieser ersten Sicherheitsebene kommt heutzutage noch eine zweite. Die Hersteller haben nämlich mit sogenanntem *Functional Food* die Marktlücke der funktionellen Lebensmittel geschlossen. Margarine, die den Cholesterinspiegel senkt, angereicherte Milch, um das Wachstum von Kindern zu verbessern, Frühstücksflocken, die die Verdauung unterstützen, oder Mineralwasser, das das Immunsystem stärkt, verkaufen sich sehr gut. Diese angeblichen Gesundheitsvorzüge werden jedoch immer strenger reglementiert.

Ein soziales Lebensmittel

Die Ernährung ist Bestandteil unserer Kultur. So wird das Einnehmen einer Mahlzeit mit Geselligkeit und gemeinsamem Teilen verbunden. Die Industrie hat hier natürlich die Möglichkeit genutzt, Produkte anzubieten, die die Bedürfnisse nach Zugehörigkeit und sozialen Beziehungen erfüllen. Die folgenden drei Beispiele fallen in diese Kategorie:

- Fertiggerichte „nach Hausfrauenart", die an die angeblich traditionelle Küche anknüpfen und den Käufer die kulinarische Identität seines Landes erleben lässt
- exquisite und innovative Produkte für Fingerfood und Dessert, die eine Atmosphäre des Miteinanders erzeugen
- sehr stark segmentierte Marken, vor allem bei Kinderprodukten, die sich generationsübergreifend verkaufen und sowohl über den Geschmack als auch über die geteilte Identität der Konsumenten funktionieren, die so Eltern und Kinder miteinander verbindet (Nutella, Haribo, Kinderschokolade, Nesquik usw.)

Die Regale für internationale oder Halal-Produkte entstehen ebenso aus der Dimension des Zusammenspiels zwischen Identität und Ernährung. Sie ermöglichen es Einwanderern, durch ihre Einkäufe eine Verbindung zu ihrer Herkunftskultur zu bewahren.

Ein wertvolles Lebensmittel

In jüngster Zeit hat sich die Lebensmittelindustrie auch mit dem Wert ihrer Produkte beschäftigt, der in diesem Fall nicht nur rein wirtschaftlich gelesen werden muss. Nach dem großen Aufschwung der bekannten Marken und der Industrialisierung der Lebensmittelbranche beginnt nun eine Zeit des Hinterfragens. Die Unsicherheit in Bezug auf gentechnisch veränderte Lebensmittel, die BSE-Krise in den 1990er Jahren, die auf die Krise der Hormon-Rinder folgte, und multiple Kampagnen gegen Übergewicht oder zu viel Zucker in Lebensmitteln lassen Käufer mehr Erklärungen fordern. Ein steigendes Umweltbewusstsein und die Suche nach Anhaltspunkten in einer globalisierten Welt verstärken diese Erwartungshaltung.

Labels, Herkunftsbezeichnungen und weitere Nachweise, die sich im Nahrungsmittelsektor verbreitet haben, stillen dieses Zugehörigkeits- und Wertebedürfnis. „Aus biologischer Landwirtschaft", „Fairer Handel", „aus unserer Region" oder andere Verweise auf kurze Absatzwege – die gelabelten Produkte scheinen sich in den Regalen zu vervielfachen. Sie geben Auskunft über Qualität oder Herkunft oder liefern einen Nachweis über die Produktionsbedingungen. Das Feld ist dabei sehr weit: Bezahlung der einheimischen Arbeitskräfte, Verzicht auf

Pflanzenschutzmittel, traditionelle Zubereitung usw. Jeder kann ein Produkt finden, dessen Label mit den eigenen Werten übereinstimmt.

Ein Lebensmittel, das zur Entfaltung beiträgt

Auch die letzte Ebene der Pyramide, das heißt die Selbstverwirklichung, findet in der Ernährung Beachtung – und damit in der Ernährungsindustrie.

Sehr hochwertige Produkte, edle Weine, Spitzenkaffee, feine Schokolade oder seltene Tees erfreuen Gourmets weit über das Stillen von Hunger oder Durst hinaus. Die Gastronomie ist zumindest ein hohes Handwerk, wenn nicht sogar eine Kunst – und sie befriedigt bei den Konsumenten das Bedürfnis nach Selbstverwirklichung. Zwar wird dies vor allem von Meisterbäckern und Spitzenköchen verkörpert, die Selbstverwirklichung findet aber ebenso in der Lebensmittelindustrie ihren Ausdruck.

Das Bedürfnis nach Selbstverwirklichung kann auch dadurch befriedigt werden, dass der Kunde einen Teil des Rezeptes selbst ausführen kann.

Deswegen bietet die Industrie Backmischungen für Kekse, Kuchen und weitere Fertigprodukte an, die beim „Selbermachen" helfen. Dem Konsumenten wird dabei ein Teil der Zubereitung überlassen, sodass er sich kreativ ausleben kann.

ZUSAMMENGEFASST

- Das Model der Bedürfnispyramide umfasst fünf Stufen zur Einteilung der menschlichen Bedürfnisse.
- Das Modell ist dynamisch und kann als Abfolge der fünf für die Entfaltung eines Menschen notwendigen Schritte gelesen werden: die Befriedigung der physiologischen Grundbedürfnisse, der Bedürfnisse nach Sicherheit, Anerkennung, Selbstwertgefühl und Entfaltung.
- Es wurde vom amerikanischen Psychologen Abraham Maslow entwickelt, wird in der Wirtschaft jedoch nur wenig angewandt, da keine konkreten Aussagen über die Nachfrageentwicklung, das heißt über die Entwicklung vom empfundenen Bedürfnis zur Kaufabsicht, getroffen werden.
- Die Einfachheit des Modells wurde zwar kritisiert, stellt aber gleichzeitig auch seine Stärke dar. Im Marketing wird das Modell häufig verwendet, da mittels der Positionierung eines Produkts oder einer Dienstleistung in der

Pyramide – und, wenn möglich, der Erfüllung gleich mehrerer Bedürfnisebenen – eine angemessene Strategie entwickelt werden kann.

Ihre Meinung ist uns wichtig!
Hinterlassen Sie doch einen Kommentar auf der
Seite unserer Online-Buchhandlung
und teilen Sie Ihre Favoriten in den sozialen
Netzwerken!

DARÜBER HINAUS

LITERATURVERZEICHNIS

- Bouchikhi, Hamid et al.: *Invitation au management.* Hrsg. von Bernard Esnault. Presses universitaires de France: Paris 2001.

- Fenouillet, Fabien: „Modèle hiérarchique des besoins". *lesmotivations.net*. Homepage des Autors (auf Französisch). http://www.lesmotivations.net/spip.php?article40 (01.03.2018).

- Jacquemin, Alexis; Tulkens, Henry; Mercier, Paul: *Fondements d'économie politique.* 3. Aufl. De Boeck: Brüssel 2001.

- Lambin, Jean-Jacques; de Moerloose, Chantal: *Marketing stratégique et opérationnel.* 8. Aufl. DUNOD: Paris 2012.

- Maslow, Abraham: *Motivation und Persönlichkeit.* Rowohlt: Reinbek 1991.

- Mias, Lucien: „Maslow, Henderson, Soins". *papidoc.chic-cm.fr*. Homepage des Autors (auf Französisch). (2001). http://papidoc.chic-cm.fr/573MaslowBesoins.html (02.03.2018).

WEITERFÜHRENDE LITERATUR

- Braunschweig, Christoph; Kindermann Dieter F.; Wehrlin, U.: *Grundlagen der Managementlehre.* Oldenbourg Wissenschaftsverlag: München 2001.

- Heckhausen, Jutta; Heckhausen, Heinz: *Motivation und Handeln.* Springer-Verlag: Berlin 2010.

- Maltby, John; Day, Liz; Macaskill, Ann: *Differentielle Psychologie, Persönlichkeit und Intelligenz. 2., aktualisierte Aufl.* Pearson Studium: München 2011.

- von Nitzsch, Rüdiger: *Entscheidungslehre.* 2. Aufl. Schäffer-Poeschel: Aachen 2006.

- Schreyögg, Georg; Koch, Jochen: *Grundlagen des Managements. Basiswissen für Studium und Praxis.* Gabler Verlag: Wiesbaden 2011.

- Thewißen, Christian et al.: *Marketing. Prozess- und praxisorientierte Grundlagen.* 4. Aufl. Walter de Gruyter: Berlin 2015.

50MINUTEN.de
Geschichte
Business
Für die Arbeitswelt
Non-Fiction kompakt
Gesundheit & Wellness
Kunst und Literatur
DAS PARETO-PRINZIP
Die 80/20-Regel
Gesamtaufwand
Ergebnisse
20%
80%
80%
20%
Wichtig
Unwichtig
DAS CANVAS-BUSINESSMODELL
DIE SWOT-ANALYSE
SCHMÖKERN
SIE SICH SCHLAU!
www.50Minuten.de

ISBN digitale Ausgabe: 9782808008570

ISBN gedruckte Ausgabe: 9782808009096

Pflichtexemplar: D/2018/12603/211

Cover: © Plurilingua

Digitale Aufbereitung: Primento, der digitale Partner der Herausgeber